와이즈만 환경과학 그림책은 우리 환경, 푸른 지구를 지켜 나가는 길을 함께 찾아가는 시리즈입니다.

와이즈만 환경과학 그림책 ⑰
탄소 제로 특공대, 지구 똥구멍을 막아라!

초판 1쇄 인쇄 | 2023년 12월 15일
초판 1쇄 발행 | 2024년 1월 2일

최향숙 글 | 홍기한 그림 | 와이즈만 영재교육연구소 감수
발행처 | 와이즈만 BOOKs
발행인 | 염만숙
출판사업본부장 | 김현정
편집 | 원선희 양다운
표지 디자인 DESIGNPURE | 본문 디자인 이진숙
마케팅 | 강윤현 백미영 장하라

출판등록 | 1998년 7월 23일 제1998-000170
제조국 | 대한민국
주소 | 서울특별시 서초구 남부순환로 2219 나노빌딩 5층
전화 | 마케팅 02-2033-8987 편집 02-2033-8928 팩스 | 02-3474-1411
전자우편 books@askwhy.co.kr | 홈페이지 mindalive.co.kr
사용 연령 | 5세 이상
ISBN 979-11-92936-24-6 979-11-90744-85-5(세트)

저작권자 ⓒ 2024 최향숙 홍기한
이 책의 저작권은 최향숙, 홍기한에게 있습니다.
저자와 출판사의 허락 없이 내용의 일부를 인용하거나 발췌하는 것을 금합니다.

잘못된 책은 구입처에서 바꿔 드립니다.

와이즈만 BOOKs는 (주)창의와탐구의 출판 브랜드입니다.
KC마크는 이 제품이 공통안전기준에 적합하였음을 의미합니다.

탄소제로특공대
지구 똥구멍을 막아라!

최향숙 글 | 홍기한 그림
와이즈만 영재교육연구소 감수

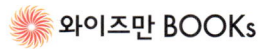

태평양에 가 보았니?
넓고 넓은 태평양은 여길 봐도 바다, 저길 봐도 바다야.
그리고 그 바다에는 크고 작은 섬들이 별처럼 떠 있지.
하와이, 통가, 피지, 사모아, 타히티처럼
이름만 들어도 알 만한 섬부터
긴 섬, 둥근 섬, 뾰족 섬, 모자 섬처럼
모양에 따라 이름 붙여진 섬들도 있어.
또 너무 작아서 이름조차 없는 섬들도 있지.

그런데, 그거 알아?
그 작은 섬들 가운데
인공위성에서도 안 보이고,
지도에는 안 나오는
아주 특별한 섬 하나가 있어.

롱고 호아 라따

그 섬에는 이티누이 족이 살고 있어.
이티누이 족은 작지만 재주 많은 친구들이야.

어느 날, 바닷가 주변이 소란스러웠어.
"큰일 났어! 그림쟁이 호아가 물에 빠졌어!"
날쌘돌이 라따가 가장 먼저 달려가 호아를 구해 냈지.
그런데 이런 일이 처음이 아니었어.
6개월 전에는 싱글벙글 볼로가 물에 빠졌고
3개월 전에는 긴긴다리 다로도 물에 빠졌었거든.
호아가 훌쩍이며 말했어.

척척박사 롱고가 "휴!" 하고 한숨을 내쉬었어.
"이게 다 해수면이 높아졌기 때문이야.
그래서 얕았던 바다가 점점 깊어지는 거라고."
롱고의 말에 친구들은 어리둥절해하며 머리를 긁적였어.
"해수면이 뭐야?"
"해수면이 어떻게 높아져?"
롱고는 갈매기가 물어다 준 종이를 흔들었어.
"이것 좀 봐."

섬이 사라진다고?

해수면이 높아지면, 우리 이제 수영 못 해?

해수면이 높아지는 이유

기후 변화로 지구가 점점 따뜻해지고 있어요. 지구가 따뜻해지면 남극과 북극의 빙하가 녹아 바닷물의 양이 증가해요. 그러면 바닷물의 표면 즉, 해수면이 상승하면서 투발루 같은 섬나라는 물에 잠길 위험에 놓이기도 하지요.

이산화 탄소의 증가

사람들은 전기를 만들거나, 플라스틱 같은 물건을 생산하기 위해 석탄 석유와 같은 화석 연료를 사용해요. 이때 이산화 탄소가 많이 발생해요. 이산화 탄소 발생량은 매년 꾸준히 증가하고 있어요.

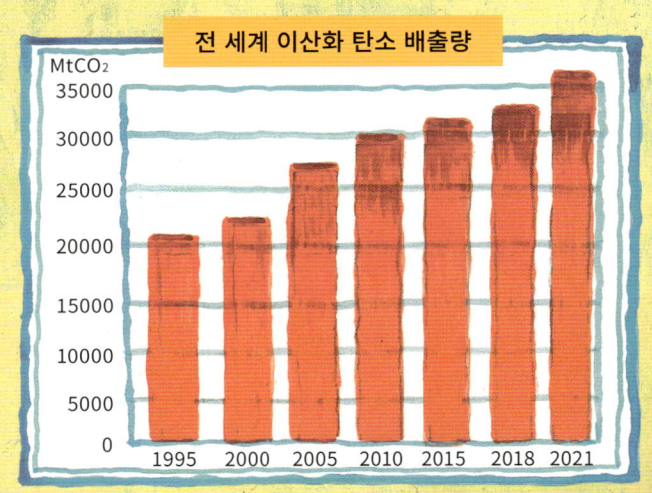

전 세계 이산화 탄소 배출량

이산화 탄소는 지난 30년 가까이 1.5배 정도 늘어났어!

지구 온난화의 주범, 이산화 탄소

지구는 태양의 에너지를 흡수한 뒤, 많은 양을 다시 우주로 내보내요. 덕분에 지구의 기온은 일정하게 유지돼요. 그런데 이산화 탄소 같은 온실가스가 많아지면 대기의 온도가 높아지는 온실 효과가 일어나요. 이에 따라 지구의 기온이 오르는 지구 온난화 현상이 발생한답니다.

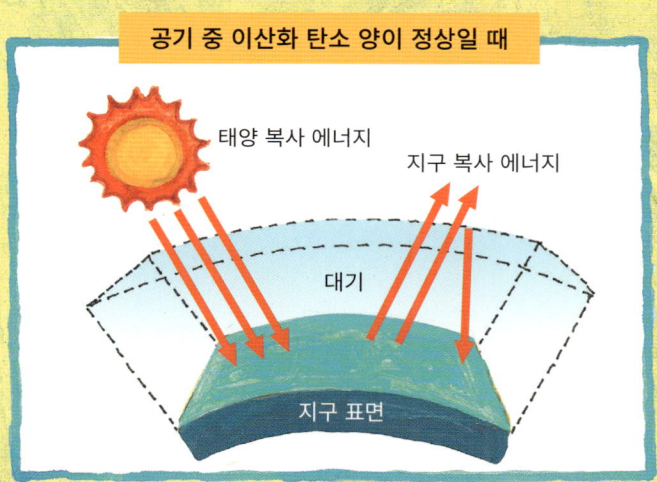

공기 중 이산화 탄소 양이 정상일 때

태양의 에너지를 흡수한 뒤 많은 양을 다시 우주로 내보내요.

공기 중 이산화 탄소 양이 늘어났을 때

이산화 탄소가 우주로 내보내는 에너지를 흡수해 대기에 가둬요.

"온실가스로 기후가 변화하고 있다니! 이제 어떻게 하지?"
호아가 발을 동동 구르며 말하자,
롱고가 코끝의 안경을 치켜올리며 대답했어.
"이산화 탄소를 줄이거나, 없애면 돼. 공장, 자동차가 내뿜는
이산화 탄소를 막아 탄소 제로인 세상을 만드는 거지."

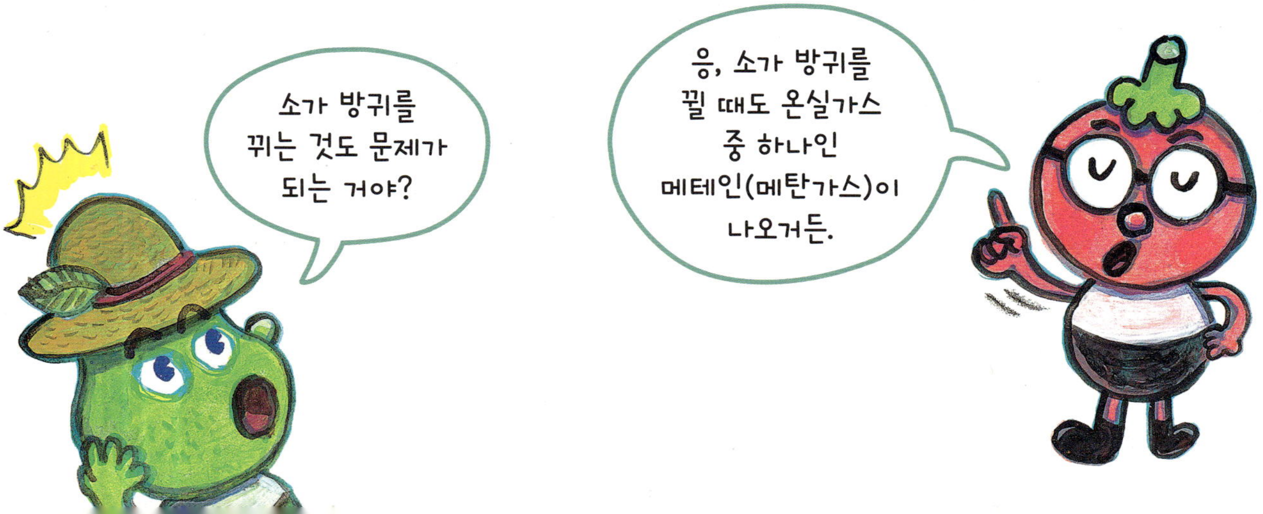

소가 방귀를 뀌는 것도 문제가 되는 거야?

응, 소가 방귀를 뀔 때도 온실가스 중 하나인 메테인(메탄가스)이 나오거든.

"이산화 탄소, 메테인은 정말 나쁜 물질이네!"
호아가 씩씩거리자 롱고가 호아를 진정시키며 말했어.
"나쁘다기보다 공기 중으로 너무 많이 뿜어 나와 문제인 거야.
온실 효과는 이산화 탄소나 메테인에 섞인 탄소 때문에 발생해.
사실 탄소가 섞인 물질, 즉 탄소 화합물은 우리 주변에 많지만
이산화 탄소나 메테인처럼 공기 중으로 뿜어 나오지는 않지."

"그럼 이제 어떻게 해야 할까?"
"다시 맘껏 수영하고 싶어!"
친구들이 웅성이자, 롱고가 씩 웃으며 말했어.
"좋은 생각이 있어. 우리가 문제를 해결하는 거야!"
"정말?", "가능할까?", "어떻게?"라고 친구들이
한마디씩 하는데, 라따가 "나는 찬성!" 하고 소리쳤어.
호아도 활짝 웃으며 손을 모았지.
이렇게 해서, 이티누이 족의
'탄소 제로 특공대'가 탄생했어.

롱고는 갈매기가 물어다 준 종이를 다시 펼쳤어.
그러고는 후 한숨을 내쉬었지.
"아! 내가 뒷장을 놓쳤네!"

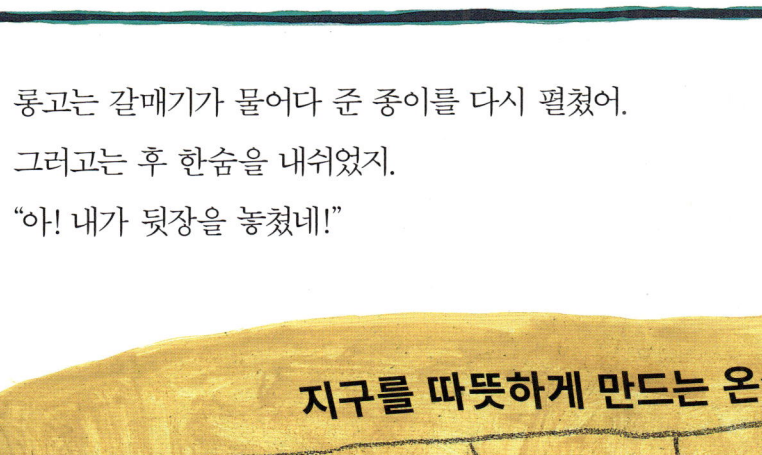

지구를 따뜻하게 만드는 온실가스

배출되는 곳	이산화 탄소	메테인	이산화 질소	수소불화탄소 과불화탄소
	에너지 사용 산업공정	폐기물·농업 축산업	산업공정·비료	반도체·에어컨 등
온난화 기여도	55	15	6	24

"이산화 탄소의 온난화 기여도가 가장 높네!"

"온난화 기여도가 높을수록 지구를 따뜻하게 하는 거야."

"다음 작전은 이산화 탄소를 내뿜는 똥구멍 막기야!"

"얘들아, 저길 봐!"
롱고를 따라온 라따와 호아는 깜짝 놀랐어.
도시 저 멀리부터 가까운 곳까지,
공장과 발전소의 굴뚝이 수도 없이 많았거든.
이뿐만이 아니야.
도로를 달리는 자동차마다
끊임없이 시커먼 매연을 내뿜고 있었지.
"도시의 똥구멍을 막는 거야!"
롱고가 씩씩하게 소리쳤어.

"열두 개,
열세 개······.
할 수 있지?"

"도대체 어디 있지?"

탄소 제로 특공대가 떨어진 곳은 어두컴컴한 주차장이었어.
"여기도 똥구멍이 잔뜩 있잖아!"
롱고가 다시 팔을 걷어붙였어.
라따와 호아도 배기가스가 나오는 자동차 똥구멍을 꾹꾹 막았지.
그러다 롱고가 이상한 자동차를 발견했어.
"이 자동차는 배기가스 배출 구멍이 없잖아?"

"엄마, 아빠가 우리 차는 특별한 자동차래요!"
아이의 말에 엄마가 고개를 끄덕였어.
"그럼, 환경 오염을 줄여 주는 고마운 자동차지!"
"정말요? 그럼 매일 자동차 타고 영우네 놀러 가요!"
이번에는 엄마가 고개를 가로저었어.
"석유나 가스 자동차보다 탄소를 덜 배출하는 것뿐이야.
전기 차도 꼭 필요한 때만 타야겠지?"

탄소 제로, 전 세계가 함께해요!

지구가 계속 더워지면 지구의 생명체는 멸종할지도 몰라요. 지구의 기온이 1.5도 이상 오르면 폭염과 가뭄이 발생하고, 식량 부족과 기아로 허덕이는 나라들이 늘어날 거예요. 탄소 배출을 줄이기 위해 전 세계가 함께 노력하고 있어요.

미국

2030년부터 판매되는 자동차의 절반을 친환경 자동차로 채울 거예요.

프랑스

에너지 낭비가 심한 집은 2028년 이후에는 임대할 수 없어요.

UN

50여 나라에서, 탄소를 많이 배출하는 기업이나 사람에게 '탄소세'를 물리고 있어요.

대한민국

우리나라는 온실가스 배출량이 세계 11위예요. 우리 역시 탄소 제로에 적극 동참해, 2050년까지 탄소 제로를 실천할 거예요.

중국

중국이 온실가스 배출량 세계 1위지요. 우리는 2060년까지 탄소 제로를 실천할게요.

탄소 발자국을 줄여요!

어떤 물건을 쓰거나 어떤 행동을 할 때 배출되는 이산화 탄소의 양을 탄소 발자국이라고 해요. 자동차를 탈 때, 일회용품을 사용할 때도 탄소 발자국이 찍혀요. 탄소 발자국을 줄이기 위해서는 어떻게 해야 하는지 생각해 볼까요?

"탄소 제로를 위해 노력하는 사람들도 있네.
그렇다면, 다음 작전을 개시하자!"
라따와 호아가 고개를 갸우뚱했어.
"어떻게?"
롱고가 자신 있게 대답했지.
"진짜 좋은 생각이 있어!"

나만 따라와!

탄소 제로 특공대는 스티커도 만들었어.
탄소 제로를 실천한 친구들에게는 파란색 '칭찬 스티커'를 보내 주고,
그렇지 못한 친구들에게는 붉은 색 '함께해요!' 스티커를 보냈지.

호아의 그림과 스티커는 사람들에게 인기 있었어.
롱고와 라따가 한껏 들뜬 목소리로 말했어.
"호아, 완전 스타가 됐어!"
그런데 어쩐지 호아의 표정이 어두웠어.
호아가 나지막한 목소리로 말했지.
"이 일도 보람차지만, 난 우리 섬에서 노는 게 가장 좋아."
롱고와 라따는 아무 말을 하지 못했어.
사실 롱고와 라따도 섬이 그리웠거든.

탄소 제로 특공대는 섬으로 돌아가기 전 편지를 남겼어.

안녕! 친구들.

너희에게 마지막 인사를 남기려고 해.

우리가 사는 섬이 바닷물에 잠길 위기에 처해 있어.

너희가 마구 배출한 탄소 때문에 지구 기온이 올라가

해수면이 자꾸자꾸 높아지고 있기 때문이야.

탄소 발생을 줄여서 지구 기온이 올라가지 않게 해 줘.

너희들이 우리를 구해 줄 거라고 믿을게!

- 수영을 좋아하는 작은 친구들이

추신: 탄소 제로에 성공하면, 그때 다시 돌아와서
너희 모두에게 칭찬 스티커를 나눠 줄게!

이제 우리 마음 놓고 수영해도 되는 거야?

이티누이 족은 지금도 사람들이 탄소 제로를 만들어 자기들을 구해 줄 거라고 철썩 같이 믿고 있대!

글 최향숙

20여 년 동안 어린이 책을 기획 집필하고 있습니다. 역사와 문화, 철학 등에 관심이 많았지만
영재학교를 다니던 아들의 영향으로 수학과 과학, 특히 우주개발과 관련된 첨단 과학과 기후와 에너지
분야를 열심히 공부하게 되었어요. 그래서 지금은 그와 관련된 시리즈를 기획, 집필하고 있답니다.
지금까지 기획하고 쓴 책으로는 《우글와글 미생물을 찾아봐》, 《꿀벌들아 내가 지켜줄게》,
《우리집 부엌이 수상해》, 《아침부터 저녁까지 과학은 바빠》, 《엉뚱하지만 과학입니다》 등이 있습니다.

그림 홍기한

그림과 책을 좋아하던 한 소년이 두 아이의 아빠가 되었습니다. 오늘도 아이들과 같이 책을 읽으며
소년의 꿈을 꾼다고 합니다. 그린 책으로는 《살아 있는 뼈》, 《출렁출렁 기쁨과 슬픔》, 《몸 잘 자라는 법》,
《불과 물이 빚은 화산섬 제주》, 《여기는 함께섬 정치를 배웁니다》, 《수상한 책방과 놀자 할아버지》
등이 있습니다.
blog.naver.com/brazi1
instagram.com/kihanhong

감수 와이즈만 영재교육연구소

창의 영재수학과 창의 영재과학 교재 및 프로그램을 개발했습니다. 구성주의 이론에 입각한 교수학습
이론과 창의성 이론 및 선진교육 이론 연구 등에도 전념하고 있습니다. 국내 최고의 사설 영재교육
기관인 와이즈만 영재교육에 교육 콘텐츠를 제공하고 교사 교육을 담당하고 있습니다.

자연에 대한 감수성을 키워 주는
와이즈만 환경과학 그림책 시리즈

01 우주 쓰레기
고나영 글 | 김은경 그림 | 와이즈만 영재교육연구소 감수 | 60쪽

02 똥장군 토룡이 실종 사건
권혜정 글 | 소노수정 그림 | 와이즈만 영재교육연구소 감수 | 80쪽

03 누가 숲을 사라지게 했을까?
임선아 글·그림 | 와이즈만 영재교육연구소 감수 | 56쪽

04 명품 가방 속으로 악어들이 사라졌어
유다정 글 | 민경미 그림 | 와이즈만 영재교육연구소 감수 | 48쪽

05 1억 년 전 공룡 오줌이 빗물로 내려요
강경아 글 | 안녕달 그림 | 와이즈만 영재교육연구소 감수 | 58쪽

06 푸른 숲을 누가 만들었나?
유다정 글 | 민경미 그림 | 와이즈만 영재교육연구소 감수 | 40쪽

07 장군바위 콧수염
김고운매 글 | 이해정 그림 | 와이즈만 영재교육연구소 감수 | 60쪽

08 닥터 홀의 싱크홀 연구소
최영희 글 | 이경국 그림 | 와이즈만 영재교육연구소 감수 | 48쪽

09 꿀벌들아, 돌아와!
홍민정 글 | 이경석 그림 | 와이즈만 영재교육연구소 감수 | 48쪽

10 빛공해, 생태계 친구들이 위험해요!
강경아 글 | 김우선 그림 | 와이즈만 영재교육연구소 감수 | 44쪽

⓫ 돼지도 누릴 권리가 있어
백은영 글 | 남궁정희 그림 | 와이즈만 영재교육연구소 감수 | 44쪽

⓬ 전기가 나오는 축구공
서지원 글 | 오승민 그림 | 48쪽

⓭ 시끌시끌 소음공해 이제 그만!
정연숙 글 | 최민오 그림 | (사)한국소음진동공학회 감수 | 56쪽

⓮ 고래를 삼킨 바다 쓰레기
유다정 글 | 이광익 그림 | 이종명 감수 | 48쪽

⓯ 이끼야 도시도 구해 줘!
강경아 글 | 한병호 그림 | 와이즈만 영재교육연구소 감수 | 48쪽

⓰ 마이너 도사의 쓰레기 줄여줄여법
유다정 글 | 이해정 그림 | 와이즈만 영재교육연구소 감수 | 56쪽

⓱ 탄소 제로 특공대 지구 똥구멍을 막아라!
최향숙 글 | 홍기한 그림 | 와이즈만 영재교육연구소 감수 | 48쪽

⓲ 음식물 쓰레기(근간)

⓳ 패스트 패션(근간)

⓴ 식량 위기(근간)